ASSOCIATION

DES

AMIS DE L'UNIVERSITÉ

DE MONTPELLIER

Assemblée générale du 27 février 1901

Discours du Président
Rapport du Secrétaire général

Liste générale des Membres de l'Association

MONTPELLIER

IMPRIMERIE Gustave FIRMIN et MONTANE

RUE FERDINAND-FABRE ET QUAI DU VERDANSON

1901

ASSOCIATION

DES

AMIS DE L'UNIVERSITÉ

DE MONTPELLIER

ASSOCIATION

DES

AMIS DE L'UNIVERSITÉ

DE MONTPELLIER

Assemblée générale du 27 février 1901

Discours du Président
Rapport du Secrétaire général

Liste générale des Membres de l'Association

MONTPELLIER

IMPRIMERIE Gustave FIRMIN et MONTANE

RUE FERDINAND-FABRE ET QUAI DU VERDANSON

1901

ASSOCIATION

DES

AMIS DE L'UNIVERSITÉ

DE MONTPELLIER

ASSEMBLÉE GÉNÉRALE DU 27 FÉVRIER 1901

Discours de M. Alfred BLAVY

PRÉSIDENT

MESSIEURS,

Vous venez d'entendre la lecture du procès-verbal de notre dernière Assemblée générale et d'en approuver le contenu. Dans son rapport, notre sympathique secrétaire général va vous rendre compte de ce qui a été fait depuis ; vous verrez que M. le Recteur a largement tenu ses promesses de l'année dernière.

Non seulement il a mis à notre disposition le nombre d'exemplaires nécessaires pour nous permettre de distribuer le compte rendu de la rentrée solennelle des Facultés à tous les membres de l'Association qui ne l'avaient pas déjà reçu à autre titre, mais encore il a donné à tous ses membres, sur la simple présentation de leur carte, l'accès à la bibliothèque universitaire, exclusivement réservée jusqu'à ce jour aux seuls membres de l'Université. M. le secrétaire général vous fera connaître tout à l'heure l'importance de cette mesure. Quoique toute récente, elle a déjà produit un heureux résultat en amenant plusieurs membres nouveaux à l'Association ; ils seront suivis de bien d'autres.

Nous réitérons à M. le Recteur, au nom de l'Assemblée générale et de l'Association, les remerciements que nous lui avons déjà adressés au nom du Comité. Ils sont d'autant plus chaleureux que nous avons grand besoin de combler les vides qui se produisent chaque année dans nos rangs. Aussi, ne saurai-je trop insister pour que chacun de vous suive son exemple et fasse tous ses efforts pour nous attirer de nouveaux adhérents.

Les uns nous ont quittés volontairement, d'autres nous ont été brutalement enlevés ; car le commencement de ce siècle n'a pas été plus clément pour notre Association que la fin du siècle dernier.

A quelques mois de distance, nous avons eu la douleur de perdre :

M. Calas, libraire, bibliophile, s'occupant plus spécialement d'ouvrages littéraires et scientifiques anciens et nouveaux concernant l'enseignement, membre de notre Association depuis sa fondation ;

M. Simon, ingénieur distingué, ancien directeur des mines de Graissessac, membre de notre Association après avoir été membre du Comité du Centenaire, d'où elle est née.

Au nom de l'Association, nous adressons à leur famille l'expression de nos sincères regrets.

Notre excellent ami le docteur Adrien Planche, médecin-inspecteur des eaux de Balaruc-les-Bains et de l'hôpital de cette station, membre de l'Académie des sciences et lettres de Montpellier et de plusieurs autres Sociétés savantes, plusieurs fois lauréat de l'Académie de médecine, chevalier de la Légion d'honneur, est décédé le 16 octobre 1900.

L'aménité de son caractère, son dévouement à notre Association rendent nos regrets d'autant plus vifs. Il avait fait la majeure partie de ses études à la Faculté de médecine de Montpellier et les avait terminées à Lyon. Par sa bonté, sa droiture, il avait su se faire aimer et estimer de tous ; par ses nombreux et savants travaux, par les distinctions qui en furent la suite, il fit honneur à notre Université, à laquelle il resta toute sa vie profondément attaché.

Puisse ce pieux souvenir adoucir la douleur de sa veuve inconsolable.

M. Charles Leenhardt, membre fondateur et bienfaiteur de notre Association, l'avait précédé de quelques mois dans la tombe. Il appartenait à une des plus importantes familles de notre ville et était parent ou allié des Leenhardt, Bazille, Castelnau, Westphal, Dautheville, membres, pour la plupart, de notre Association.

Né à Montpellier le 30 mai 1820, marié à Mlle Bazille en 1844, il est décédé à Fontfroide le 11 juillet dernier. Il a passé sa vie dans le commerce et l'industrie, en marquant chaque étape par quelque distinction nouvelle.

Juge au Tribunal de commerce de 1854 à 1860, président de 1866 à 1870, membre de la Chambre de commerce dès 1863, il en devint président en 1879 et fut nommé chevalier de la Légion d'honneur. Administrateur du canal de Beaucaire en 1862, trésorier en 1870 ; administrateur des mines de Graissessac en 1863, président en 1894 ; censeur de la Banque de France en 1873. Jusqu'à sa mort, il exerça ces diverses fonctions honorifiques avec autant de zèle que de dignité.

Si nous avons rappelé ses principaux titres, bien que nous n'ayons à parler ici ni de l'industriel, ni de l'homme public, ni de l'homme privé, c'est que nous avons voulu démontrer combien il avait eu de mérite, malgré ses nombreuses fonctions, à s'occuper avec tant de soin de notre Association.

Sous une froideur apparente, il cachait un cœur chaud et vibrant à toutes les grandes idées, à toutes les pensées généreuses. Esclave du devoir, il refusait impitoyablement les fonctions qu'il craignait de n'avoir pas le temps de bien remplir. C'est ainsi qu'à deux reprises, malgré nos vives instances et bien que nous l'ayons nommé malgré lui, il ne voulut pas accepter la présidence de notre Association, présidence qui lui était due plus qu'à tout autre.

Il faisait partie du Comité depuis son origine et en était resté un des membres les plus assidus. Dans nos délibérations, la bonté, la fermeté de son esprit éminemment conciliant, sa longue expérience des hommes et des choses, l'intérêt qu'il portait à la jeunesse studieuse de nos écoles, son dévouement à notre Université, nous ont été en toute occasion d'un précieux concours. Sa perte est d'autant plus cruelle pour nous et nos regrets d'autant plus profonds.

M. Charles Leenhardt était de ces hommes qui honorent les causes qu'ils servent ; il a bien servi de son vivant celle de notre Association et a tenu à lui prouver qu'elle ne serait pas oubliée après sa mort en lui léguant mille francs pour augmenter ses réserves.

C'est le premier legs qu'elle reçoit ; venant d'un homme tel que lui, il ne peut que porter bonheur, et son exemple sera suivi ; aussi, a-t-il doublement droit à notre gratitude.

Au nom de l'Association des Amis de l'Université, merci !

M. Charles Leenhardt laisse un fils, M. Paul Leenhardt, et une fille, mariée à M. Dautheville. Nous comptons sur eux pour continuer son œuvre.

Nous devions ce reconnaissant hommage à la mémoire de leur père et beau-père, rendu du fond du cœur par celai qui, en collaborant avec lui (de la première à la dernière heure), apprit à le bien connaître. Il serait heureux s'il apportait quelque soulagement à leur peine.

Rapport de M. Jos. BERTHELÉ

SECRÉTAIRE GÉNÉRAL

MESSIEURS,

Permettez-moi, — avant de vous rendre compte de nos faits et gestes de l'année 1900, — de vous dire combien j'ai été sensible au double témoignage de confiance, qui a fait de moi, — dans l'espace à peine d'un semestre, — d'abord un membre de votre Comité, ensuite le secrétaire général de votre Association. Permettez-moi aussi de m'excuser d'avoir accepté ce double honneur.

Mon excellent ami M. Fernand Autié, votre précédent secrétaire général, n'avait, — pour résigner des fonctions qu'il remplissait si bien et pour rentrer modestement dans le rang, — absolument aucune bonne raison à faire valoir. Comme le Destournelles de Sandeau (1), il en a trouvé quand même (je serais bien embarrassé pourtant de vous dire lesquelles) et je me suis laissé persuader par lui.

Je lui succède, mais je ne puis espérer le remplacer dignement. Les rapports que vous avez entendus ces dernières années étaient l'œuvre d'un fin lettré. — Vous allez tomber dans la prose d'un *feudiste*. — Vous voudrez bien, Messieurs, ne pas me tenir rigueur de mon infériorité.

1

La tâche qui incombe annuellement au secrétaire général de votre Association équivaut assez à un *inventaire*.

Or, les anciens feudistes, quand ils s'attelaient à un inventaire,

---

(1) Jules Sandeau, *Mademoiselle de la Seiglière*, acte I, scène IX.

consacraient toujours leur premier chapitre à ce qu'on dénommait alors les *privilèges, franchises et libertés.*

L'Université de Montpellier a aujourd'hui des franchises et des ressources qui lui permettent de ne rien regretter des privilèges et des dotations d'autrefois. En revanche, notre Association, qui avait été surtout créée pour contribuer au développement de ces franchises et de ces ressources, n'avait guère connu, comme privilège, que celui de songer plutôt à autrui qu'à elle-même. Et, ces dernières années, le succès de la souscription organisée pour la création de l'institut Bouisson-Bertrand avait suffi à récompenser ses efforts.

Depuis notre assemblée générale de 1900, notre éminent président d'honneur M. le recteur Benoist et le Comité de l'Association ont songé que nos adhérents avaient bien droit, en échange de leur dévouement, à quelques petites faveurs spéciales. Et « l'ère des privilèges » a commencé pour nous !

Vous savez, Messieurs, que Montpellier est aujourd'hui une des villes de province les mieux dotées comme bibliothèques. La bibliothèque municipale, grâce aux soins désintéressés et à la puissance d'attraction de son incomparable bibliothécaire, M. Gaudin, est devenue — deviendra encore davantage demain, grâce au legs de Mlle Pellechet, — un véritable musée bibliographique, bien digne de figurer sous le même toit que le célèbre Musée Fabre. — Parallèlement au développement de la bibliothèque de la ville, et cela dans un laps de temps relativement très court, l'étonnante et féconde activité de M. Fécamp a réussi à ajouter aux merveilles paléographiques et artistiques de l'École de Médecine un dépôt de livres que la plupart des villes universitaires nous envient. D'autre part, les riches bibliothèques particulières de l'Académie des sciences et lettres, de la Société archéologique, de la Société des langues romanes et de la Société languedocienne de géographie offrent aux travailleurs des ressources dignes d'une grande capitale intellectuelle.

Seulement, pour profiter de tous ces trésors, il fallait, un peu partout, montrer la patte blanche du professeur, de l'érudit ou du bibliophile. La bibliothèque universitaire était même, par certains côtés, la plus fermée de toutes : elle était réservée aux professeurs et aux étudiants, ces derniers ayant préalablement passé à la caisse de l'administration. — Une généreuse décision de M. le Recteur en a ouvert les portes *à tous les membres de notre Association.* C'est là, pour les amis de l'Université, un précieux privilège, et, dans sa séance du 24 janvier 1901, votre Comité a voté à M. le Recteur ses plus chaleureux remerciements. Pour permettre à nos associés de profiter de cette faveur insigne, le Bureau a fait immédiatement distribuer de nouvelles cartes de membre.

La concession de ce « droit d'entrée » — que nos ancêtres du XIVᵉ siècle auraient cotée *previlegi del Armari* ou *del Tresor,* — n'est pas la seule preuve de bienveillance que nous ayons reçue cette année du grand-maître de l'Université de Montpellier. Vous savez que nos associés avaient bénéficié, au mois de novembre, d'une invitation spéciale à la séance de rentrée des Facultés. M. le Recteur a voulu que tous nous puissions conserver le souvenir officiel de cette solennité, et un exemplaire du fascicule renfermant le texte des différents discours et rapports a été mis à la disposition de chacun de nous.

Nos associés ont donc pu constater que l'Université de Montpellier savait penser à eux autrement que pour mettre à contribution leur générosité.

Le Comité de l'Association a, lui aussi, pensé à nos adhérents. Dans l'Assemblée générale du 28 février 1900, beaucoup de sociétaires s'étaient plaints « de n'être pas tenus au courant de ce que nous faisons ». Le Comité, malgré ses principes d'économie, a décidé de leur donner satisfaction. Et nous avons fait imprimer un fascicule contenant, notamment :

1° le discours prononcé dans l'Assemblée générale du 17 février 1899 par notre regretté ancien président, M. Charles Revillout ;

2° le discours prononcé dans l'Assemblée générale du 28 février 1900 par notre vaillant président actuel, M. Blavy ;

3° le rapport lu dans la même séance de février 1900 par votre ancien secrétaire général, M. Autié ;

4° la liste des membres de l'Association, — liste qui tient en huit pages, alors qu'elle devrait en remplir quatre-vingts.

Une autre brochure a été distribuée à nos associés par les soins du Comité : celle où sont réunis les discours prononcés le 19 novembre 1899 aux obsèques de M. Charles Revillout par M. le recteur Benoist, par M. le professeur Rigal et par M. Blavy. Nous devions cet hommage à la mémoire du président si dévoué, de l'homme si éminemment bon et sympathique, dont nous conservons tous respectueusement et affectueusement le souvenir.

La distribution de ces trois fascicules et l'admission à la bibliothèque universitaire ne représentent pas tous les avantages qui ont marqué, pour nos associés, l'année 1900. Grâce à l'initiative de M. le doyen Sabatier, nous avons pu encore leur offrir, à la Salle des Concerts, une magnifique conférence, avec projections, sur l'*Éclipse de soleil du 28 mai* 1900.

. M. le professeur Meslin, qui devait, quelques semaines plus tard, — de concert avec son collègue M. Lebeuf, le savant éditeur de Laplace, — aller étudier en Espagne cet important phénomène astronomique, a bien voulu apporter à l'Association des Amis de l'Université le précieux concours de sa science spéciale et de son beau talent.

Cette conférence a obtenu le plus vif succès et je suis heureux de pouvoir renouveler aujourd'hui à M. le professeur Meslin nos remerciements et nos félicitations.

Au total, dans notre inventaire de l'exercice 1900, nous arrivons à constater que le chapitre des *privilèges* a été singulièrement mieux rempli que les années précédentes. Pour un peu, je déclarerais sans détour à nos adhérents qu'ils ont le devoir strict d'être aussi satisfaits des efforts de leur Comité que de la bienveillance de leur Président d'honneur.

Ces efforts et cette bienveillance (nous pouvons bien le dire entre nous) n'ont pas été sans quelque arrière-pensée. Cette arrière-pensée (d'ailleurs éminemment louable à notre point de vue), c'est que plus nos associés seront intéressés par notre œuvre, plus ils seront portés à nous amener des recrues nouvelles, et plus il y aura d'avantages personnels solides à être des nôtres, plus le nombre de nos sociétaires augmentera.

Le jour où fut lue, en séance du Comité, la lettre de M. le Recteur annonçant l'ouverture de la bibliothèque universitaire à nos associés, l'un des plus autorisés des membres présents fit immédiatement ressortir toute l'importance de cette mesure comme moyen de propagande en faveur de notre œuvre. « Jusqu'à présent, disait-il, les anciens étudiants de l'Université de Montpellier eux-mêmes qui voulaient continuer de travailler à la bibliothèque de Saint-Éloy ou à celle de l'École de Médecine n'y étaient admis que sous certaines conditions et par autorisation spéciale de M. le Recteur. Désormais, il leur suffira de s'affilier à nous pour retrouver toutes les facilités désirables ». Et notre collègue concluait pratiquement : « Tous les anciens étudiants de l'Université de Montpellier devraient venir grossir nos rangs ! » — Je répète ici cette parole et je vous demande, Messieurs, de la répéter, à votre tour, à l'heure opportune. Oui, tous les anciens étudiants de l'Université de Montpellier devraient se joindre à nous, non seulement parce qu'ils profiteraient des avantages attribués à notre Association, mais aussi parce que l'Université de Montpellier a droit au souvenir reconnaissant... et effectif de tous ceux qui furent ses enfants.

L'an dernier, à pareille époque, l'Assemblée générale de l'Association s'est occupée assez longuement de la *Société Nîmoise des Amis de l'Université de Montpellier* et de l'attitude que cette Société nouvelle semblait vouloir prendre vis-à-vis de la nôtre.

La situation est, en somme, la même aujourd'hui qu'il y a un an.

Notre sœur cadette a grandi et nous l'avons regardée grandir. Elle n'a pas attendu le nombre des années pour voler de ses propres ailes. Nous ne lui avons pas reproché d'avoir procédé d'elle-même à son émancipation. — Elle s'est bornée jusqu'ici à mettre en évidence, en dehors de Montpellier, la science et le talent de nos professeurs. Elle contribue ainsi à réaliser une partie de notre programme. Toutes nos sympathies sont donc acquises à son initiative.

Nous n'oublions cependant pas que l'union fait la force et nous espérons bien que si, quelque jour, notre Association est appelée par les circonstances à reprendre un rôle plus actif qu'à l'heure actuelle, elle trouvera à Nimes le concours le plus dévoué et le plus cordial. Ce jour là (il nous est interdit d'en douter), la sœur cadette et la sœur aînée marcheront la main dans la main, et la *Société Nimoise* songera un peu moins aux intérêts particuliers de Nimes pour songer davantage aux intérêts de notre Université régionale.

Le capital de notre Association s'est augmenté cette année d'une somme de mille francs. Malheureusement, ce n'est pas une *donation* que nous avons eu à enregistrer, mais un *legs* et un legs à nous fait par un de ceux que nous aurions le plus vivement désiré conserver longtemps encore dans notre Comité. M. CHARLES LEENHARDT, qui a ainsi prouvé son profond attachement à notre œuvre, était un de nos membres fondateurs. Tous nous nous associons au juste tribut d'éloges et de reconnaissance que notre président vient de rendre à sa mémoire.

Nous avons eu aussi le regret de voir disparaître trois autres de nos associés : — le libraire bibliophile JOSEPH CALAS, bien connu de tous les amateurs languedociens, — le distingué ingénieur SIMON, ancien directeur des mines de Graissessac, — et le docteur PLANCHE, médecin-inspecteur des bains de Balaruc. — Tous trois étaient pour notre Association des amis de la première heure et leur perte nous est particulièrement sensible.

II

Comme les années précédentes, les étudiants des diverses Facultés et de l'École de Pharmacie ont été l'objet de la sollicitude de l'Association. Le relevé de nos dépenses de 1900 mentionne une somme de 916 francs 95 centimes, mise à la disposition de MM. les Doyens et Directeur pour « prix, bourses d'études, frais d'inscriptions et d'examens ». Ces 900 et quelques francs ont servi à encourager quelques jeunes gens « laborieux et méritants ». C'est notre façon à nous de récompenser les étudiants qui font réellement honneur à notre Université.

S'il nous était permis d'être plus généreux, nous ne serions pas embarrassés pour le placement de nos largesses. — En effet, et bien que nous ne soyons aucunement une société de secours à l'usage de la jeunesse de nos écoles, ce ne sont pas seulement des subventions pour frais d'examens que l'on vient nous demander, mais bien de véritables bourses ou portions de bourses. — Aux requêtes de cette ampleur, nous opposons généralement un refus. Mais il y a bien, de temps à autre, une exception à cette règle sévère. — Le mois dernier, M. le pasteur Molines s'est adressé à nous en faveur de deux étudiants malgaches, dont la situation est réellement digne d'intérêt. Étant donnée la qualité de Français de ces deux étudiants, le Comité a décidé que, pour une fois encore, il serait dérogé à notre tradition, et que l'Association seconderait M. le pasteur Molines dans son œuvre de bienfaisance patriotique. M. le doyen Mairet a bien voulu se charger de faire une enquête sur les deux jeunes gens recommandés. Il nous fixera prochainement sur la somme qu'il conviendra de voter.

Depuis quelque temps, Messieurs, il a été beaucoup parlé — entre nous et en dehors de nous, — de l'Association des Étudiants de Montpellier. Cette Association, naguère assez nombreuse, aujourd'hui considérablement réduite, traverse des jours pénibles. Plusieurs bureaux, en effet, se sont succédé qui ont compromis les intérêts qu'ils avaient mission de soutenir.

Le bureau de 1899-1900 avait pris à tâche (ainsi que vous le disait M. Autié dans notre dernière Assemblée générale) « de relever cette Association » ; il voulait « en faire un centre d'études et non plus un rendez-vous de désœuvrés ». Ces bonnes intentions n'ont pas été couronnées de succès. Les conférences et les fêtes qui ont été organisées n'ont pas ramené le Pactole dans la caisse. Bien au contraire, le déficit a augmenté, et l'on prétend que certains créanciers se sont montrés impitoyables.

Le bureau de 1900-1901 ne considère cependant pas la situation comme absolument compromise. Il espère réussir là où son prédécesseur a échoué, et pour arriver à constituer « la forte somme » indispensable, il nous demande de compléter, par un secours extraordinaire, les subventions qu'il reçoit régulièrement de la ville et du département et les dons particuliers qui ne lui ont pas été refusés.

Votre Comité, Messieurs, s'est laissé attendrir par cette grande infortune. Il a été indulgent, comme vous l'auriez été à sa place, pour ces fredaines de la vingtième année. Il a considéré qu'après tout, le bureau actuel des Étudiants n'est pas responsable des errements antérieurs, qu'il y a même plutôt du courage de sa part à entreprendre ainsi de réparer le passé, — et à cet appel de fonds, il a répondu, — d'abord, par une morale aussi paternelle que bien sentie, ce qui était justice, — ensuite, par une longue série de bons conseils pour l'avenir, ce qui ne peut manquer d'être très utile, — et, finalement par la promesse, que d'aucuns ont trouvée excessive (et étant donné certains incidents récents, ils n'ont peut-être pas eu tout à fait tort), d'une subvention de cinq cents francs, destinée à éteindre l'une des dettes les plus urgentes.

On a mis seulement à l'exécution de cette promesse deux conditions *sine qua non* :

1° Que l'Association des Étudiants préciserait celle de ses dettes, qui devrait bénéficier de notre libéralité ;

2° Qu'elle exhiberait à notre trésorier un état complet et minutieusement détaillé de son passif — et de son actif aussi, pour le cas où il y aurait encore un actif.

Cet état complet (bien qu'un peu compromettant pour la mémoire des bureaux précédents) nous sera certainement fourni avec empressement, et je serais bien trompé si l'indication de la dette la plus criarde se faisait attendre.

Ce serait donc le Comité des Amis de l'Université, — si vous l'y autorisez toutefois, — qui se chargerait de désarmer le créancier le plus féroce. MM. les Étudiants aviseraient à satisfaire les autres.

Vous nous direz, sans doute, Messieurs, que 500 francs sont bien peu de chose, quand il s'agit de liquider un arriéré aussi considérable. Mais il serait excessif de nous demander davantage. Notre Association n'a pas été fondée pour solder la note des bals masqués qui ne réussissent pas.

Cette petite subvention témoignera de nos bons sentiments, et l'on nous écoutera peut-être un peu plus volontiers, le jour où il nous échappera de prêcher quelques instants la sagesse.

Voilà, Messieurs, ce que votre Comité a fait, depuis la dernière Assemblée générale, d'une part, pour les membres de notre Association ; d'autre part, pour l'Université de Montpellier, dans la personne de ses étudiants français et malgaches.

Votre Comité eût, sans doute, vivement désiré pouvoir faire plus, beaucoup plus, *même pour ceux qui ne l'ont pas toujours assez mérité* mais il entend assurer la réserve de l'avenir, et pour cela, il a le devoir de se montrer.... plus réfléchi et plus économe qu'une simple Association d'étudiants.

Résumé de l'état financier au 31 décembre 1900

Dressé par M. le Trésorier MEYNIER DE SALINELLES

Les recettes se sont élevées à 6.438 06
Les dépenses à 2.355 06

Reste disponible au 31 décembre 1900 . . 4.083 00

L'Association possède, en outre, à ce jour :

227 fr. de rente 3°/₀ qui représentent, au cours du
31 décembre 1900 (101,35), Fr. 7.672 20
210 fr. de rente 3°/₀ amortissable, qui représentent,
au cours du 31 décembre 1900 (100,50), Fr. . 7.035 »

Total en capital non disponible. . . 14.707 20

ASSOCIATION

AMIS DE L'UNIVERSITÉ DE MONTPELLIER

COMITÉ D'HONNEUR

Présidents :

M. Le Maire de Montpellier.
M. Le Recteur de l'Académie.

Membres :

MM. Le Général Commandant le XVIe Corps d'armée ;
Le Premier Président ;
Le Préfet de l'Hérault ;
L'Évêque de Montpellier ;
Le Président du Consistoire ;
Le Procureur Général ;
Le Président du Tribunal civil ;
Le Procureur de la République ;
Le Trésorier-Payeur Général ;
Le Président du Conseil Général ;
Les Sénateurs et les Députés de l'Hérault, de l'Aude, du Gard,
de la Lozère et des Pyrénées-Orientales (ressort acadé-
mique) ;
Le Président du Tribunal de Commerce ;
Le Président de la Chambre de Commerce ;
Le Président du Conseil d'arrondissement.

COMITÉ

BUREAU

MM. BLAVY (Alfred), *Président.*
DUNAL (Achille), *Vice-Président.*
BERTHELÉ (Jos.), *Secrétaire Général.*
BONNET (Émile), *Secrétaire.*
DE SAPORTA (Vicomte Antoine), *Secrétaire.*
MEYNIER DE SALINELLES, *Trésorier.*

Membres de droit :

MM. VIGIÉ, Doyen de la Faculté de Droit.
MAIRET, Doyen de la Faculté de Médecine.
SABATIER, Doyen de la Faculté des Sciences.
CASTETS, Doyen de la Faculté des Lettres.
MASSOL, Directeur de l'École supérieure de Pharmacie.
FERROUILLAT, Directeur de l'École nationale d'Agriculture.
QUESNEL, Directeur de l'École nationale de Commerce.
Le Président de l'Association Générale des Étudiants.

Membres élus :

MM. AUTIÉ.
CAZALIS DE FONDOUCE.
CHARMONT.
COURTHIAL.
CRASSOUS.
FAULQUIER (Rodolphe).

MM. GALZIN.
GERVAIS (Alfred).
Docteur GRASSET.
LEENHARDT (Jules).
MARÈS (Henri).
Docteur PEZET.

MEMBRES FONDATEURS DE L'ASSOCIATION

MM.

ADHÉMAR (Vicomte D'), Rentier, Grand'Rue, 25.

BAZILLE (Gaston), ancien sénateur, ✳ O., décédé.

BAZILLE (Marc), Banquier, Grand'Rue, 21.

BLAVY, Avocat, ◖ I. P., rue Barralerie, 4.

BORT (Gabriel), Notaire, rue Richelieu, 1.

BOUISSON-BERTRAND (Mme veuve), décédée.

CASTAN, Doyen de la Faculté de Médecine, ✳, décédé.

CAUVET, ✳, Président de Chambre honoraire à la Cour d'appel, décédé.

CAZALIS DE FONDOUCE, Ingénieur civil, ◖ I. P., rue des Étuves, 18.

CHABERT (Alfred), Rentier, décédé.

Conseil Général de l'Hérault (Le).

COURTHIAL (Siméon), Négociant, rue Henri-Guinier, 5.

CRASSOUS, Ingénieur, Directeur-adjoint des Salins du Midi, r. Rondelet. 7.

DROUTSKOY-LUBETSKY (Prince), Écuyer de Sa Majesté l'Empereur de Russie, Docteur en Droit, C. ✳, r. St-Lazare, 193, Paris.

ESPOUS (Comte Auguste D'), Rentier, décédé.

FABRÈGE (Frédéric), Avocat, homme de lettres, Grand'Rue, 33.

FAULQUIER (Rodolphe), Manufacturier, rue Boussairolles, 6.

GÉRARD, ancien Recteur de l'Université de Montpellier, ✳, ◖ I. P., décédé.

GIDE, ancien professeur à la Faculté de droit de Montpellier, ◖, I. P.

GRASSET, Professeur à la Faculté de Médecine, ✳, ◖ I. P., rue Jean-Jacques-Rousseau.

GRASSET (Madame).

JAUMES, ancien Professeur à la Faculté de Médecine, ◖, A., rue Ste-Croix, 5.

JAUMES (Madame), décédée.

KÜHNHOLTZ-LORDAT (Achille), de la Société des gens de lettres, décédé.

LEENHARDT (Charles), ancien Président de la Chambre de Commerce, ✳, Cours Gambetta, 27 bis, décédé.

MM.

Leenhardt (Ernest), ancien Président du Tribunal de Commerce, ✳,
    décédé.
Marès (Henri), Correspondant de l'Institut, ✳, place Castries, 1.
Pomier-Layrargues, Ingénieur, décédé.
De Rouville, Doyen de la Faculté des Sciences, ✳, ✪ I, P., Cité
    Industrielle, 69.
Simon, Ingénieur, ✳, rue des Trésoriers-de-France, 7, décédé
Tempié (Léon), Propriétaire, ✳, ✪ A, décédé.
Tissié (Alphonse). ✳, rue du Petit-St-Jean, 2.
La Ville de Béziers.
La Ville de Carcassonne.
La Ville de Montpellier.
La Ville de Pézenas.

LISTE GÉNÉRALE

DES

MEMBRES DE L'ASSOCIATION

au 1ᵉʳ avril 1901

MM.

ADHÉMAR (Vicomte D'), Rentier, Grand'Rue, 25. — F.

ASTRE, Professeur-Agrégé à l'École supérieure de Pharmacie, ✿ I. P., rue Jean, chalet Gustave (faubourg St-Jaumes).

AURIOL (Charles), place de la Canourgue, 5.

AUTIÉ, Professeur au Lycée et à l'École des Beaux-Arts, ✿ I. P., boulevard Louis-Blanc, 33.

BARDE (Louis), Professeur à la Faculté de Droit, rue des Grenadiers, 22.

BAZILLE (André), Banquier, villa Kervon.

BAZILLE (Marc), Banquier, Grand'Rue, 21. — F.

BENABENQ (Henri), boulevard Jeu-de-Paume, 33.

BENOIST (Antoine), recteur de l'Université de Montpellier, ✳, ✿ I. P., Jardin des Plantes.

BERTHELÉ (Joseph), Archiviste du département de l'Hérault, ✿ I. P., impasse Pagès, 11 (avenue de Lodève).

BERTIN-SANS, Professeur à la Faculté de Médecine, ✳, ✿ I. P., rue de la Merci, 5 *bis*.

BERTIN (Henri), Agrégé à la Faculté de Médecine, ✿ I. P., rue de la Merci, 3.

N. B. — La lettre F indique les membres fondateurs.

MM.

Bésiné (Charles), Architecte, faubourg Saint-Jaumes, 11.

Béziers (La Ville de). — F.

Bichon (Marcel), Sous-Directeur de l'École supérieure de Commerce, rue Aiguillerie, 33.

Blavy, Avocat, I. P., rue Barralerie, 4. — F.

Blouquier (Ernest), place Louis XVI, 4.

Boisrayon, Directeur du Crédit Lyonnais, rue Duval-Jouve.

Bonnet (Émile), Avocat, Docteur en droit, A., rue de la Valfère, 8.

Bonnet (Max), Professeur à la Faculté des Lettres, I. P., correspondant de l'Institut, Enclos Laffoux, villa Marie.

Borély (De), Notaire, rue Aiguillerie, 9.

Bort (Gabriel), Notaire, rue de la République, 8. — F.

Brémond, Professeur à la Faculté de Droit, I. P., villa des Fleurs.

Brocard, Conseiller à la Cour, rue Jeu-de-Paume, 10.

Brousse, Professeur à la Faculté de Médecine, rue St-Guilhem, 16.

Brunel (Mme), rue Clos-René.

Burnand, Banquier, boulevard Ledru-Rollin, 2-4.

Cabrières (Mgr de Rovérié De), Évêque de Montpellier, à l'Évêché.

Cambon (l'Abbé Pierre), curé de Lieuran-lès-Béziers.

Carcassonne (La Ville de). — F.

Castelnau (Edmond), Propriétaire, rue Marceau, 8.

Castelnau (Emile), Rentier, rue Nationale, 2.

Castelnau (Georges), Rentier, rue Salle-l'Évêque, 12.

Castelnau (Maurice), Banquier, boulevard Ledru-Rollin, 4.

Castets, Doyen de la Faculté des Lettres, ancien Maire de Montpellier, ✳, I. P., rue du Carré-du-Roi.

Catalan, Négociant, rue de la République, 2.

Cazalis de Fondouce, Ingénieur civil, I. P., rue des Étuves, 18.—F.

Cazalis (Dr Frédéric), ancien Directeur du *Messager Agricole*, ✳, rue du Courreau, 28.

Chabaneau, Professeur à la Faculté des Lettres, ✳, I. P., correspondant de l'Institut, chemin de Nazareth, Villa Pauline.

Challandes, Directeur de la Croix-Rouge, boulevard Jeu-de-Paume, 27.

Chamayou, Avocat, Docteur en Droit, rue du Petit-Saint-Jean, 2.

Chanfreau, Papetier, rue de la Loge, 3.

MM.

CHARMONT, Professeur à la Faculté de Droit, ✪ I. P., chemin de Nazareth, villa Chambéry.

CHAULIAC (Célestin), Négociant, cours Gambetta, 5.

CHAUSSE, Professeur à la Faculté de Droit, ✪ I. P., rue Clos-René, 1.

Conseil Général de l'Hérault (Le). — F.

COQUINET (Léon), Juge au Tribunal de Commerce, rue Pitot, 18.

COSTE, Notaire, rue du Palais, 17.

COULET (Camille), Libraire-Éditeur, ✪ I. P., Chevalier du Mérite agricole, Grand'Rue, 5.

COURCHET, Professeur à l'Ecole supérieure de Pharmacie, ✪ I. P., rue Barralerie, 6.

COURTHIAL (Siméon), Négociant, rue Henri-Guinier, 5. — F.

COUSIN (Élie), ancien Député de l'Hérault, rue de Strasbourg.

CRASSOUS, Directeur-Adjoint des Salins du Midi, rue Rondelet, 7. — F.

CROISET, Professeur au Collège de France, ✳, ✪ I. P., rue Saint-Louis, 27, à Versailles.

CROVA, Professeur à la Faculté des Sciences, ✳, ✪ I. P., Correspondant de l'Institut, rue du Carré-du-Roi, 14.

DAURIAC (Lionel), ✪ I. P., ancien Professeur à la Faculté des Lettres de Montpellier, rue du Val-de-Grâce, 6, Paris.

DAUTHEVILLE, Professeur à la Faculté des Sciences, ✪ I. P., cours Gambetta, 27 *bis*.

DÉANDREIS, Sénateur de l'Hérault, rue de la République, à Montpellier, et rue Michelet, 5, à Paris.

DELPORTE, Opticien, Grand'Rue, 25.

DERVIEUX, Négociant, avenue du Stand, 12.

DEVIC (Auguste), Architecte du Gouvernement, ✪ A., rue des Étuves, 7.

DROUTSKOY-LUBETSKY (Prince), Écuyer de Sa Majesté l'Empereur de Russie, Docteur en droit, C. ✳, rue St-Lazare, 193, Paris. — F.

DUCROS (Ernest), Négociant, rue de la Loge, 10.

DUNAL (Achille), Avocat, ancien Bâtonnier de l'Ordre, rue Aiguillerie, 29.

DURAND, Professeur à l'École d'Agriculture, ✳, r. du Cheval-Blanc, 6.

DURAND (Élie), rue Salle-l'Evêque, 2.

DURAND-KELLER, Négociant, rue de la Loge, 18.

Éclair (L'), le Directeur du Journal, rue Levat, 2 *bis*.

ESTOR, Professeur à la Faculté de Médecine, plan du Palais, 6.

MM.

FABRÈGE (Frédéric), Avocat, homme de Lettres, Grand'Rue, 33,, — F.

FABRY, Professeur à la Faculté des Sciences, ⚜ I. P., faubourg Boutonnet, 93.

FAULQUIER (Rodolphe), Manufacturier, rue Boussairolles, 6. — F.

FÉCAMP, Bibliothécaire de l'Université, ⚜ I. P., rue Pitot, 44.

FERROUILLAT, directeur de l'École d'Agriculture, à l'École d'Agricult^re.

FIRMIN et MONTANE, Imprimeurs, r. Ferdinand-Fabre et quai Verdanson.

FLAHAULT, Professeur à la Faculté des Sciences, ⚜ I. P., Institut de botanique.

FOURESTIER, Négociant, avenue de Toulouse, 35.

FRAT, Docteur en Médecine, rue Maguelone, 23.

GACHON, Professeur à la Faculté des Lettres, ⚜ I. P., boulevard Ledru-Rollin, enclos Tissié-Sarrus.

GALAVIEILLE, Agrégé à la Faculté de Médecine, rue Maguelone, 23.

GALTIER (Alexandre), ancien Juge au Tribunal de Commerce, rue Enclos-Fermaud.

GALZIN, ✻, ancien Directeur de l'École Normale, faubourg Boutonnet, 93.

GAREIL (Abbé), rue de la Gendarmerie, 14.

GARIEL, Directeur du *Petit Méridional*, avenue de Toulouse, 34.

GAY (Albert), Avoué, au Vigan.

GÉRARD, Professeur à l'École de Droit d'Alger.

GERVAIS (Alfred), Administrateur de la Compagnie des Salins du Midi, rue des Etuves, 2.

GIDE, ancien professeur à la Faculté de Droit de Montpellier, ⚜ I. P. — F.

GLIS, Docteur en Médecine, boulevard Amiral Courbet, Nimes.

GLAIZE (Antonin), Prof^ à la Faculté de Droit, ⚜ I. P., rue Joubert, 1.

GRANEL, Directeur du Jardin des Plantes, ⚜ I. P., rue du Collège, 14.

GRASSET, Professeur à la Faculté de Médecine, ✻, ⚜ I. P., rue J.-J. Rousseau, 6. — F.

GRASSET (Mme), rue J.-J. Rousseau, 6. — F.

GUIBAL, Avocat, Docteur en Droit, rue Fournarié, 6.

GUIBAL (Raymond), Docteur en Médecine, rue du Petit-Saint-Jean, 7.

GUIRAUDOU, rue Embouque-d'Or, 7.

GUIZARD, Avoué à la Cour, rue Nationale, 20.

GUY, ancien Président-fondateur de l'Association Générale des Étudiants de Montpellier, Docteur en Médecine, ⚜ A., à Béziers.

MM.

Hamelin, Prof^r à la Faculté de Médecine, ✳, ✿ I. P., r. de la République, 7.
Hérail (Edmond), Conseiller à la Cour, rue du Trésorier-de-la-Bourse, 4.
Hortolès, Docteur, rue du Trésorier-de-la-Bourse, 15.

Icard, Principal honoraire du Collège de Pézenas.
Imbert, Professeur à la Faculté de Médecine, rue du Petit-St-Jean, 2.
Itier, Avocat, Conseiller général, ✿ A., château de Véras, par Vaine, (Hautes-Alpes).

Jacquemet, Docteur en Médecine, Grand'Rue, 51.
Jadin, Professeur à l'École de Pharmacie, rue de la Valfère, 34.
Jaumes, Prof^r à la Faculté de Médecine, ✿ I. P., r. Ste-Croix, 5. — F.
Jeannel, Docteur en Médecine, rue Delpech, 1.

Kruger, Architecte de la Ville, ✿ I, P., rue de la République, 2.
Kühnholtz-Lordat (Gérald), rue du Puits-du-Temple, 6.

Laborde, Professeur à la Faculté de Droit, rue Vieille-Intendance, 11.
Lacvivier (De), ✿ I P., Proviseur du Grand Lycée.
Laissac, Président du Conseil général de l'Hérault, ancien maire de Montpellier, ✳ O., boulevard de l'Observatoire, 9.
Lambert (Ed.), Ingénieur, rue des Trésoriers-de-France, 5.
Laurans, Juge de Paix, rue Aiguillerie, 37.
Lichtenstein (Henri), rue Jeu-de-Paume, 15.
Lécuyer (Alfred), rue Pila-Saint-Gély, 27.
Leenhardt (Jules), rue Clos-René.
Leenhardt (Max), place de la Croix-de-Fer.
Leenhardt (Pierre), rue Marceau, 15.

Mairet, Doyen de la Faculté de Médecine, ✳, ✿ I. P., av. du Stand, 14.
Malavialle, Professeur à la Faculté des Lettres, Conseiller général de l'Aude, ✿ I. P., boulevard Henri IV.
Marès (Henri), Correspondant de l'Institut, ✳, place Castries, 1. — F.
Marès (Étienne), rue Auguste-Comte, 2.
Margouirès, Architecte, rue de l'Université, 21.
Martin, Orfèvre, rue de la Loge, 20.

MM.

Mas, Professeur au Lycée, ⚜ I. P., rue du Lez.

Massol, Directeur de l'École supérieure de Pharmacie, ⚜ I. P., avenue des Arceaux, villa Germaine.

Médard, rue Castilhon.

Ménard (Joseph), Docteur, Médecin consultant à Lamalou-les-Bains (Hérault).

Mendelssohn (J.), Chirurgien-Dentiste, boulevard Victor-Hugo, 18.

Messine (Hippolyte), Vice-Président de la Chambre de Commerce, ✳, avenue de Toulouse, 52.

Meuton, Confiseur, rue de la Loge, 19.

Meynial, Professeur à la Faculté de Droit, ⚜ I. P., rue Trésorier-de-la-Bourse, 4.

Meynier de Salinelles, boulevard Jeu-de-Paume, 16.

Michel (Félix), rue Clos-René, 5.

Michel (Henri), Architecte, boulevard Victor-Hugo, 5.

Michel (Théophile), rue Clos-René, 5.

Milhaud, Avocat, Docteur en Droit, rue des Carmes, 14.

Milhaud, Professeur à la Faculté des Lettres, ⚜ I. P., enclos Laffoux, Villa Saint-Ange.

Moitessier, Professeur-Agrégé à la Faculté de Médecine, boulevard Ledru-Rollin, 3.

Montpellier (La Ville de).— F.

Nègre (Gaston), Conseiller général, avenue du Stand, 6.

Pézenas (La Ville de). — F.

Pezet, Docteur en Médecine, Administrateur des hospices, ✳, ⚜ I. P., boulevard de l'Observatoire, 3.

Planchon, Professeur à l'École de Pharmacie, chemin de Nazareth, 5.

Ponset, Avocat, rue Ecole de Médecine, 3.

Poutingon (Jules), Avocat, rue Collot, 5.

Pradal (Mlle Antoinette), Professeur de Français et d'Espagnol, rue du Cannau, 13.

Quesnel, Directeur de l'École supérieure de Commerce, ⚜ I. P., rue de la République, 15.

Quesnel (Marius), Chef du service des titres au Crédit Lyonnais.

Ragot, Commandant au 140° de ligne à Grenoble.

Rajau, Coiffeur, place de la Comédie, 3.

MM.

Réclard, Relieur, rue Puits-des-Esquilles, 6.

Renard (Victor), Grand'Rue, 25.

Reynaud, Professeur au Lycée Louis-le-Grand, ☖ I. P., Paris.

Reynès, ancien Vice-Président du Conseil de Préfecture, rue Vieille-Intendance, 9.

Rigal (Eugène), Professeur à la Faculté des Lettres, ☖ I. P., rue Auguste-Broussonnet, avenue Chancel.

Roos (Lucien), Directeur de la Station Œnologique de l'Hérault.

Root-Zimmer, Brasseur, rue Édouard-Adam, 4.

Roussel, Avocat, ancien Bâtonnier, rue Fabre, 4.

Roussy, Avocat, Docteur en droit, rue Terral, 8.

Rouvier, Avocat, Conseiller Général, rue de la Petite-Loge.

Rouville (De), Doyen honoraire de la Faculté des Sciences, ✳, ☖ I. P., rue Henri-Guinier, 10. — F.

Roux (François), Avoué, Plan du Palais, 7.

Sabatier, Doyen de la Faculté des Sciences. ✳, ☖ I. P., correspondant de l'Institut, rue Barthez, 1.

Sahut (l'Abbé E.), Sous-Directeur de l'École libre de la Trinité, à Béziers.

Saporta (Vicomte Antoine De), rue Philippi, 3.

Serre et Roumégous, Imprimeurs, rue Vieille-Intendance, 3.

Septfons, Négociant, rue Jeu-de-Ballon.

Tédenat, Professeur à la Faculté de Médecine, ☖ I. P., rue Castilhon, 4.

Teulon (Dʳ), rue de la Croix-d'Or, 15.

Tindel (Arnaud), Propriétaire, rue Nationale, 8.

Tissié (Alphonse), Banquier, ✳, rue du Petit Saint-Jean, 2. — F.

Truc, Professeur à la Faculté de Médecine, ☖ I. P., rue du Carré-du-Roi.

Valéry, Professeur à la Faculté de Droit, rue Vieille-Intendance, 9.

Vallat (Henry), Avocat, Docteur en droit, rue du Palais, 6.

Vernière (Michel), ✳, ancien Député, Maire de Montpellier, boulevard Louis-Blanc, 21.

Vialles (Pierre), Avocat, rue Aiguillerie, 21.

Vialleton, ancien Doyen de la Faculté de Médecine, rue École-de-Droit, 17.

MM.

Vigié, Doyen de la Faculté de Droit, ✻, ۞ I. P., rue Achille-Bégé, 3.
Ville, Professeur à la Faculté de Médecine, ۞ I. P., rue Gerhardt,
    villa Jeanne-Marie.

Warnery (Charles), cours Cambetta, 27.
Waton (Docteur), Chirurgien-Dentiste, rue de la Loge, 11 *bis*.

Yon, Inspecteur d'Académie, ۞ I. P., rue Saint-Firmin, 10.

Nous rappelons que la cotisation annuelle est de 10 fr. — On devient fondateur en versant une somme de 200 fr., qui tient lieu de toute cotisation à venir.

Les dames peuvent faire partie de l'Association.

Les cotisations sont encaissées par les soins de M. Meynier de Salinelles, à la Banque Tissié-Sarrus, rue Petit-Saint-Jean, 2.

D'après l'article 9 des statuts, tout sociétaire qui veut sortir de la Société doit dénoncer sa démission avant le 15 décembre de chaque année, et rendre sa carte de sociétaire.

Les nouvelles adhésions, ainsi que les rectifications à faire à la présente liste, doivent être adressées au Président, M. Alfred BLAVY, rue Barralerie, 4, ou au

Secrétaire Général :

Jos. BERTHELÉ, 11, impasse Pagès.

N. B. — Prière de signaler à M. le Secrétaire général les erreurs ou omissions qui peuvent exister dans cette liste, afin qu'elles soient corrigées lors du prochain tirage.

MONTPELLIER. — IMPRIMERIE GUSTAVE FIRMIN ET MONTANE.

www.ingramcontent.com/pod-product-compliance
Ingram Content Group UK Ltd.
Pitfield, Milton Keynes, MK11 3LW, UK
UKHW021631130726
13696UKWH00005B/2134